ESCULTURA AVENTURA

Katia Canton

ESCULTURA AVENTURA

Copyright © 2004 do texto: Katia Canton
Copyright © 2008 da edição: Editora DCL

DIRETOR EDITORIAL	Raul Maia Junior
EDITORA EXECUTIVA	Otacília de Freitas
EDITORA RESPONSÁVEL	Pétula Lemos
ASSISTENTE EDITORIAL	Áine Menassi
PREPARAÇÃO DE TEXTO	Agnaldo Alves de Oliveira
REVISÃO DE PROVAS	Ana Paula RIbeiro
	Ana Paula dos Santos
	Bruna Baldini de Miranda
	Janaína Mello
PESQUISA ICONOGRÁFICA	Mônica de Souza
	Camila D'Angelo
FOTOS DAS CRIANÇAS	Gal Oppido
CAPA, PROJETO GRÁFICO E DIAGRAMAÇÃO	Sandro Silva Pinto
	Fábio Balisa

Texto em conformidade com as regras do
Novo Acordo Ortográfico da Língua Portuguesa.

Dados Internacionais de Catalogação na Publicação (CIP)
(Câmara Brasileira do Livro, SP, Brasil)

Canton, Katia
 Escultura Aventura / Katia Canton — fotos de Gal Oppido. – 2. ed. rev. e ampl. – São Paulo: Editora DCL, 2009.

ISBN 978-85-368-0563-4

 1. Arte - Literatura Infantojuvenil 2. Escultural - Literatura Infantojuvenil I. Oppido, Gal. II. I. Título.

08-10954   CDD – 028.5

Índice para catálogo sistemático:

 1. Escultura: Literatura infantojuvenil   028.5

2ª edição

Editora DCL
Av. Marquês de São Vicente, 446, Cj. 1808 – Barra Funda
CEP 01139-000 – São Paulo/SP
Tel.: (0xx11) 3932-5222
www.editoradcl.com.br

Créditos das Imagens

Stonehenge, Wiltshire, Inglaterra – 40000 a.C. © Sérgio Pitamitz / SuperStock – Keystone (p. 8)

Hipopótamo, escultura de 2050 – 1786 a.C. © Glanni Dagli Ortl / Corbis – Stock Photos (p. 10)

Vênus de Milo, Museé du Louvre – 200 a.C. © SuperStock – Keystone (p. 12)

Davi, estátua de Michelangelo, 1501-4, Galleria Dell Academia – Firenze. © SuperStock – Keystone (p. 14)

Estátua da Liberdade, Nova York, inaugurada pelo presidente Cleveland no dia 28 de outubro de 1886. © Robert Kaufmann / SuperStock – Keystone (p. 16)

Torre Eiffel, erguida em 1889 para as celebrações do centenário da Revolução Francesa. Paris – França, foto de 1993. © Dudu Cavalcanti/ Olhar Imagem (p. 17)

Vista aérea do Cristo Redentor. Pão de Açúcar, baía de Guanabara, enseada de Botafogo e Niterói – RJ, 1998. © Ricardo Azoury / Olhar Imagem (p. 18)

Cristo Redentor. Rio de Janeiro, 1999. © Ricardo Azoury / Olhar Imagem (p. 19)

Mão, escultura de Oscar Niemeyer que está em frente ao Memorial da América Latina – SP, 2002.© Daniel Cymbalista / Pulsar Imagens (p. 20)

Monumento às Bandeiras, escultura de Victor Brecheret. Parque do Ibirapuera – SP, 1999. © Marco Antônio Sá / kino.com.br (p. 21)

Os Profetas, esculturas de Aleijadinho na Basílica do Bom Jesus de Matosinhos. Congonhas do Campo - MG, 1998. © Edson Sato / kino.com.br (p. 22)

Os Profetas, esculturas de Aleijadinho na Basílica do Bom Jesus de Matosinhos. Congonhas do Campo - MG, 1999. © Cláudio Laranjeira/ kino.com.br (p. 23)

Crianças no MAC USP vendo a escultura Formas Únicas de Continuidade no Espaço, 1913, Umberto Baccioni. IIbirapuera - SP, 2004. © Gal Oppido (p. 24)

Crianças no MAC USP vendo a escultura de Max Bill - Unidade Tripartida, 1948 – 1949. Ibirapuera – SP, 2004. © Gal Oppido (p. 26 e 27)

Aranha, escultura de Louise Bourgeois, MAM – SP, 2004. © Gal Oppido (p. 29)

Construção Orgânica com Propriedades Morfológicas de Relacionamento, A Feto Gravitacional, escultura de Ernesto Neto, 2002. Coleção do Artista – Rio de Janeiro. © Rômulo Fialdini (p. 31)

João Roberto dentro da Casa Dentada, Renata Pedrosa – SP, 1999/2000. © Gal Oppido (p. 32)

O artista em seu apartamento, escultura de George Segal, 1969. © The Bridgeman / Keystone (p. 34)

Menina se maquiando, escultura de George Segal, 1968. © The Bridgeman / Keystone (p. 35)

Crianças fazendo poses. MAC USP – SP, 2004. © Gal Oppido (p. 36 e 37)

A grande parada, escultura de Nelson Leiner. © Rômulo Fialdini (p. 38 e 39)

Jenny Holzer expõe sua obra no CAPC (Centro de Arte Visual Contemporânea). Bordeaux - França, setembro de 2001. © Derrick Ceyrac / AFP (p. 40)

Torre ambarina para Avignon, escultura da artista plástica Jenny Holzer para um festival de exibição para crianças de todas as idades. Avignon – França, fevereiro de 2004. © Paris-Taub / Gamma (p. 41)

Hambúrguer Gigante, escultura de Claes Oldenburg, 1962. Art Gallery of Ontári – Toronto. © Keystone (p. 43)

Sem Título, escultura de Shirley Paes Leme feita de fumaça congelada e acrílico, 1998. © Galeria Nara Roesler – SP (p. 45)

Negro e marrons, escultura do artista plástico Pazé feita de canudos plásticos e caixa de acrílico, 2003. © Gal Oppido (p. 46)

O tambor e seus gêmeos, escultura de Rebecca Horn, 1995. © Galerie de Frankfurd (p. 48 e 49)

Parangolés, escultura de Hélio Oiticica, 1964. © Rômulo Fialdini (p. 50)

Ponto de Fuga / Desaparecimento, escultura de Valeska Soares, 1998. © Courtesy Daros-Latinamerica Collection – Zurich (p. 52 e 53)

Móbile em dois planos, Alexander Calder. Museé National d'Art Moderne, Centre Georges Pompidou – Paris. © SuperStock / Keystone (p. 55)

Para João Roberto,
Carla, Max,
Matheus, Antônio,
Phillip e todas as crianças que
participaram deste projeto.

Para Nelson Leirner.

VOCÊ SABE O QUE É ESCULTURA?

É a forma de arte que se estende pelo espaço, que ganha corpo e relevo, que ocupa ruas, campos, praças, museus.
E para fazer uma escultura, pode-se usar uma enorme variedade de materiais.
Dá para moldar o barro, derreter o bronze, cavar a madeira, utilizar plástico, pano, ferro, borracha. Até o corpo humano!

Agora olhe à sua volta
sua casa, sua rua, seu bairro.
Faça uma lista de todas as esculturas que encontrar.

OS TOTENS

A história da escultura confunde-se com a própria história das primeiras civilizações, desde a pré-história, mais ou menos 40 000 anos a.C. (antes de Cristo). Os seres que viviam nas cavernas vestiam-se com peles de animais, caçavam e pescavam para se alimentar. Eles acreditavam na existência de vários deuses ligados ao poder da natureza, como a chuva e o Sol, relacionados com a fertilidade da terra. Eles criavam suas esculturas, isto é, seus totens, monumentos feitos para trazer energia positiva e agradar aos deuses, e também para se representar. Um dos mais conhecidos totens é Stonehenge, que fica em Salisbury, na Inglaterra.

EGITO ANTIGO: HIPOPÓTAMOS

Além dos totens, as antigas civilizações criavam esculturas para materializar símbolos importantes que faziam parte de suas crenças e de seu cotidiano.

No Egito Antigo, civilização que construiu as pirâmides, aparecem também essas esculturas de hipopótamos azuis, feitas em cerâmica. Como grande parte do território egípcio era desértica, as pessoas concentravam-se próximas ao Rio Nilo, onde o cultivo da terra, as plantações e as colheitas eram realizados. Para os egípcios, a lama e as águas enlameadas representavam o poder da criação. Animais que viviam na lama, como hipopótamos e crocodilos, tornavam-se assim seres especiais, poderosos, encantados.

12

VÊNUS DE MILO

Talvez a escultura mais conhecida de toda a história da civilização ocidental seja a *Vênus de Milo*, criada no ano 200 a.C., na Ilha de Milo, na Grécia Antiga, mais ou menos 150 anos depois do auge da Era de Alexandre, o Grande. A Vênus, feita em mármore branco, representa o ideal clássico de beleza feminina. Ela é forte e elegante e tem o corpo cheio de curvas, em proporções perfeitas. A escultura foi encontrada em 1820 assim, como você vê na foto.

Agora olhe bem para a escultura ao lado: Ela é bela para você? Por quê?
Na sua opinião que outras imagens representam o ideal de beleza?

MICHELANGELO E O RENASCIMENTO

A obra do artista e arquiteto italiano Michelangelo Buonarroti (1475-1564) é um exemplo da herança do ideal de beleza, graça e proporção instituído pela Grécia Antiga. Sua escultura *Davi* começou a ser esculpida em 1501 e foi finalizada em 1504. Feita em mármore, ela mostra a perfeição do corpo do guerreiro mitológico que enfrenta o gigante Golias.

Davi tem a expressão preocupada, mas, ao mesmo tempo, serena, forte e delicada. No Renascimento, época de Michelangelo, o foco de todas as atenções tornou-se o próprio ser humano. Esse artista italiano acreditava que o corpo humano era a veia pela qual Deus se expressava em alguém. Era importante, então, que o corpo fosse muito belo.

OS MONUMENTOS

Uma das formas mais conhecidas de escultura são os monumentos. Essas formas surgiram com as primeiras cidades, agrupamentos de pessoas em torno de um centro urbano. Os monumentos colocados em diversos locais – ruas, praças – sempre serviram para homenagear feitos, celebrar personagens e marcos históricos. Os monumentos podem virar uma espécie de cartão de visita das cidades.
A Estátua da Liberdade, por exemplo, é o retrato da cidade de Nova York, nos Estados Unidos.

A Torre Eiffel é o emblema da França.

O Cristo Redentor
é o símbolo do
Rio de Janeiro.

A *Mão*, de Oscar Niemeyer, que está em frente ao Memorial da América Latina, na Barra Funda, e o Monumento às Bandeiras, de Victor Brecheret, no Parque do Ibirapuera, são importantes monumentos da cidade de São Paulo.

Que tal fazer
um passeio pela cidade, só para "caçar" monumentos? Se puder, desenhe ou fotografe os seus preferidos.

Congonhas do Campo, em Minas Gerais, é a cidade que abriga a Igreja do Santuário do Bom Jesus de Matosinhos, com as esculturas dos 12 profetas, feitas pelo grande artista barroco Antônio Francisco Lisboa, o Aleijadinho.

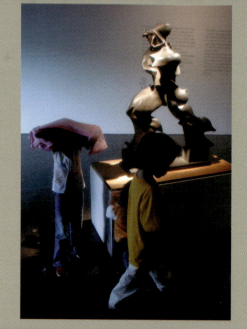

MOVIMENTO PARADO

As esculturas sempre acompanharam o desejo e a vontade que os artistas possuem de criar e de captar o sentido do tempo e da vida. A obra *Formas Únicas de Continuidade no Espaço*, do italiano Umberto Boccioni, é um bom exemplo. Boccioni é um artista futurista. Na época em que viveu, o mundo passava por uma grande transformação: depois da Revolução Industrial, que inaugurou as máquinas e as fábricas, a vida ficou mais rápida, mais dinâmica. Boccioni acreditava na modernização do mundo e no poder militar como forma de defender um país. Fez sua escultura *Formas Únicas de Continuidade no Espaço*, mostrando um oficial caminhando rapidamente.

ABSTRAÇÃO

As esculturas não precisam necessariamente representar uma figura, uma pessoa, uma situação. Elas podem ser apenas construções abstratas, que têm o valor de apresentar uma forma estética, uma cor, um plano, um volume, um tamanho. A obra *Unidade Tripartida*, do suíço Max Bill, é um ótimo exemplo disso. Aqui o artista criou em aço inox uma fita cujas pontas se unem. Ela não tem parte de dentro nem de fora, não tem começo nem fim. É uma forma de infinito.

Olhe só o Antônio, e, na foto à direita, o Phillip, tentando entender melhor a forma desta escultura.

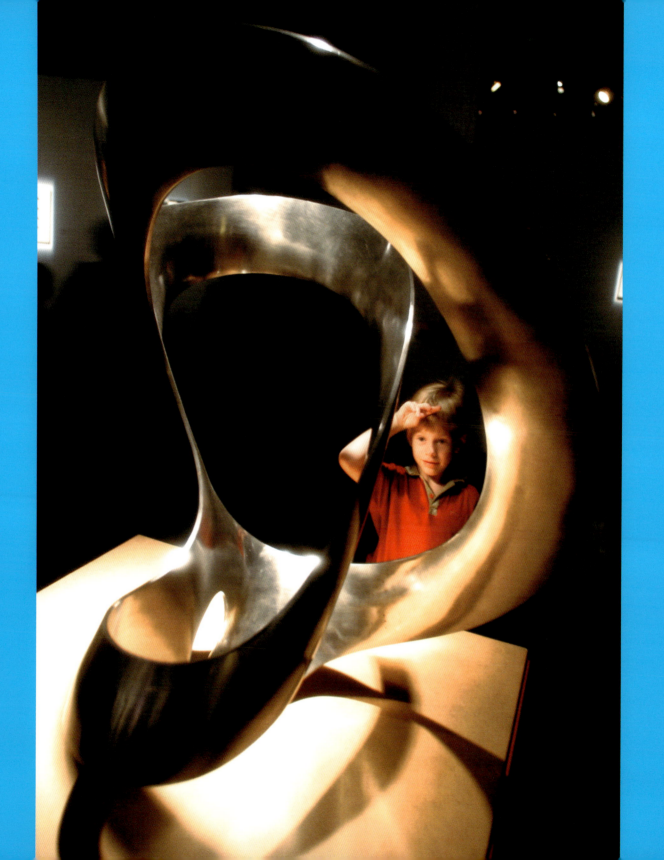

A ARANHA

Uma escultura pode ter tantos jeitos e tantas formas... Ela pode ser uma aranha gigante, que parece prender a gente com suas muitas patas. A artista francesa Louise Bourgeois construiu em bronze este bicho gigantesco para simbolizar a figura poderosa da mulher e da mãe.

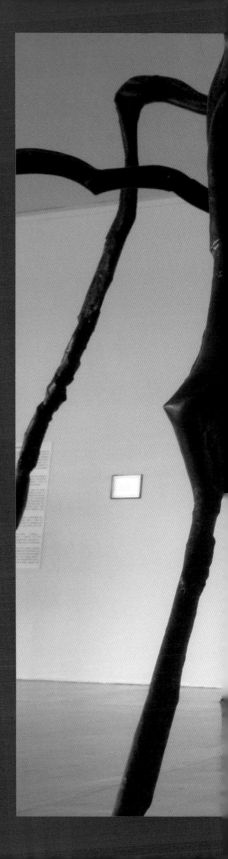

CORPOS MOLES

O bronze é duro, mas o tecido é mole e com ele dá para produzir esculturas variadas.
As de Ernesto Neto são feitas de tecidos recheados de areia, bolinhas de isopor, terra, pó e até temperos!
Elas são penduradas nas paredes e nos tetos de prédios e museus, e ficam parecendo órgãos do corpo humano.

Renata Pedrosa construiu uma escultura toda feita com meias de seda femininas com bolinhas, como se fosse a pele do corpo, toda cheia de verrugas.

O João está curioso para sentir esta obra.

CORPOS DUROS

O escultor norte-americano George Segal faz réplicas do corpo de pessoas com materiais duros, como o gesso. Elas parecem realizar tarefas do dia a dia, só que são estáticas e inteiramente brancas.

CORPOS DE VERDADE

O nosso corpo pode tornar-se
uma escultura viva!
É só a gente criar formas com ele.

A GRANDE PARADA

Uma escultura pode ter formas surpreendentes. O artista brasileiro Nelson Leirner utilizou uma infinidade de objetos diferentes e organizou tudo como uma grande procissão, uma grande parada. Tem bibelôs, santinhos, animais de brinquedo, pequenas estátuas de jardim, miniaturas de árvores, minúsculas bandeiras. Vale tudo nesse imenso desfile da arte.

Veja só
o João, misturado à procissão...

PALAVRAS

Esculturas podem ser feitas até de palavras. A artista norte-americana Jenny Holzer escreve frases estranhas, porém, instigantes, com neon, que circulam pelos letreiros e boletins informativos das cidades. Uma frase dela nesta obra era: "Proteja-me do que eu quero".

Você seria capaz de criar uma frase assim, estranha e forte, que chama a atenção do leitor? Experimente!

HAMBÚRGUER

As esculturas podem parecer coisas reais, só que muitas vezes feitas com materiais, cores e tamanhos bem diferentes. O artista Claes Oldenburg produziu um montão de coisas que fazem parte do nosso cotidiano. Tudo gigante e mole, feito de tecido, borracha e outros materiais. Ele as chamou de esculturas moles. Veja este hambúrguer: tão esquisito, nem dá vontade de comer...

FUMAÇA CONGELADA

A artista Shirley Paes Leme desenvolveu uma técnica para congelar a fumaça e usá-la como forma de desenho em suas obras de arte. Foi ela quem fez este cubo de vidro transparente cheio de fumaça congelada dentro. Parece um desenho abstrato.

O que você colocaria dentro de um cubo transparente, para que ele se tornasse a sua escultura?

CANUDOS PLÁSTICOS

E este outro cubo transparente? É feito com um montão de canudinhos coloridos, desses de tomar refrigerante. Tudo fica solto dentro de caixas de acrílico, parecendo uma colmeia, uma montanha, uma textura colorida.
Ideia do artista Pazé.

TIPOS DE ESCULTURA: OS SENTIDOS

Sabe o que mais? Escultura a gente não vê só com os olhos. Há obras que podem ser percebidas com os outros sentidos. Veja esta obra da artista Rebecca Horn. São três tambores, dois com detalhes vermelhos e um preto. Suas palhetas estão penduradas na parede com cabos metálicos que se ligam a um motor. Quando o motor é acionado, as palhetas se mexem e começam a tocar.

Uma escultura pode ter sons!

Como seria a sua escultura sonora?

Estes tecidos em forma de vestes chamam-se parangolés. Foram criados pelo artista Hélio Oiticica, em homenagem ao povo brasileiro e à sua cultura ligada ao carnaval, às fantasias. Parangolés são esculturas para vestir, tocar e trocar.

Uma escultura pode ser vestida!

Que tal combinar com os amigos um desfile de parangolés com cada um inventando sua veste de arte?

E ainda pode ter cheiros!
A propósito: que aroma você colocaria nesta escultura?

A artista Valeska Soares trabalha com cheiros. Sua obra *Ponto de fuga/desaparecimento* é uma escultura de chão, um labirinto bem grande, feito com 15 tanques de aço inoxidável e perfume. Se a pessoa desaparecer no labirinto, é só seguir seu olfato...

Movimento

Uma escultura pode ser cinética, isto é, ter mecanismos de movimento. Foi Alexander Calder quem criou as primeiras esculturas que se mexiam, os móbiles. O nome foi batizado pelo amigo de Calder, o francês Marcel Duchamp, para definir aquelas esculturas penduradas, feitas com arame e chapas metálicas pintadas nas pontas. A partir desse momento, nos anos 1940, a escultura nunca mais foi a mesma, e muitos móbiles surgiram, mexendo-se no ar, com o vento.

Isso é quase tudo.

Agora, que tal você criar a sua escultura?
Escolha a que mais lhe agradar no livro e mãos à obra.
Reproduza-a, a seu modo, por meio de foto, desenho,
recortes ou até mesmo um trabalho
digital como o da página ao lado.
Você já pensou em uma Vênus de
Milo com os dois braços?

KATIA CANTON é autora de mais de 40 livros para crianças e adultos. Ganhou os prêmios Jabuti em 1998, 2005 e 2007 e o Malba Tahan, outorgado pela FNLIJ, em 2001. Pela editora DCL, publicou as coleções *Arte Conta Histórias* – com dez livros ilustrados por artistas brasileiros –; a coleção *Princesa de Chinelos*; os livros *Lendas de Amor dos Índios Brasileiros*; *Brasil, Olhar de Artista* e *Natureza, Olhar de Artista*; e a coleção *Arte Aventura,* com os títulos *Escultura Aventura, Arquitetura Aventura* e *Pintura Aventura*.

Além de escritora, Katia é docente e curadora do Museu de Arte Contemporânea da Universidade de São Paulo. É Ph.D. em Artes Interdisciplinares pela New York University e livre-docente pela Escola de Comunicação e Artes da USP.